paperblanks®

PLANNER
2024

DISCLAIMER
All dates provided by Paperblanks are accurate at the time of publication and are subject to changes or variances. They are meant as a guide only, and Paperblanks accepts no liability for any use of this information.

Printed on acid-free, sustainable forest paper.
© 2023 Paperblanks Ltd. All rights reserved.
No part of this book may be reproduced without written permission from the publisher. Paperblanks are produced by Paperblanks Ltd. and Paperblanks Journals Ltd. Made in China.
North America 1-800-277-5887
Europe 800-3333-8005
Australia 1800-082-792
paperblanks.com

NAME _____

PHONE _____

IN CASE OF EMERGENCY, PLEASE CONTACT

NAME _____

PHONE _____

2024

JANUARY
M	T	W	T	F	S	S
1	2	3	4	5	6	**7**
8	9	10	11	12	13	**14**
15	16	17	18	19	20	**21**
22	23	24	25	26	27	**28**
29	30	31	1	2	3	4

FEBRUARY
M	T	W	T	F	S	S
29	30	31	1	2	3	**4**
5	6	7	8	9	10	**11**
12	13	14	15	16	17	**18**
19	20	21	22	23	24	**25**
26	27	28	29	1	2	3

MARCH
M	T	W	T	F	S	S
26	27	28	29	1	2	**3**
4	5	6	7	8	9	**10**
11	12	13	14	15	16	**17**
18	19	20	21	22	23	**24**
25	26	27	28	29	30	**31**

APRIL
M	T	W	T	F	S	S
1	2	3	4	5	6	**7**
8	9	10	11	12	13	**14**
15	16	17	18	19	20	**21**
22	23	24	25	26	27	**28**
29	30	1	2	3	4	5

MAY
M	T	W	T	F	S	S
29	30	1	2	3	4	**5**
6	7	8	9	10	11	**12**
13	14	15	16	17	18	**19**
20	21	22	23	24	25	**26**
27	28	29	30	31	1	2

JUNE
M	T	W	T	F	S	S
27	28	29	30	31	1	**2**
3	4	5	6	7	8	**9**
10	11	12	13	14	15	**16**
17	18	19	20	21	22	**23**
24	25	26	27	28	29	**30**

JULY
M	T	W	T	F	S	S
1	2	3	4	5	6	**7**
8	9	10	11	12	13	**14**
15	16	17	18	19	20	**21**
22	23	24	25	26	27	**28**
29	30	31	1	2	3	4

AUGUST
M	T	W	T	F	S	S
29	30	31	1	2	3	**4**
5	6	7	8	9	10	**11**
12	13	14	15	16	17	**18**
19	20	21	22	23	24	**25**
26	27	28	29	30	31	1

SEPTEMBER
M	T	W	T	F	S	S
26	27	28	29	30	31	**1**
2	3	4	5	6	7	**8**
9	10	11	12	13	14	**15**
16	17	18	19	20	21	**22**
23/30	24	25	26	27	28	**29**

OCTOBER
M	T	W	T	F	S	S
30	1	2	3	4	5	**6**
7	8	9	10	11	12	**13**
14	15	16	17	18	19	**20**
21	22	23	24	25	26	**27**
28	29	30	31	1	2	3

NOVEMBER
M	T	W	T	F	S	S
28	29	30	31	1	2	**3**
4	5	6	7	8	9	**10**
11	12	13	14	15	16	**17**
18	19	20	21	22	23	**24**
25	26	27	28	29	30	1

DECEMBER
M	T	W	T	F	S	S
25	26	27	28	29	30	**1**
2	3	4	5	6	7	**8**
9	10	11	12	13	14	**15**
16	17	18	19	20	21	**22**
23/30	24/31	25	26	27	28	**29**

LEGEND FOR SYMBOLS

Moon Phases

- ☽ FIRST QUARTER
- ☾ LAST QUARTER
- ○ FULL MOON
- ● NEW MOON

- FIRST DAY OF SPRING
- FIRST DAY OF AUTUMN
- SHORTEST DAY
- LONGEST DAY
- DAYLIGHT SAVING TIME BEGINS/ENDS

INTERNATIONAL HOLIDAYS 2024

AUSTRALIA

- January 1 New Year's Day
- 26 Australia Day
- March 29 Good Friday
- 30 Easter Saturday*
- 31 Easter Sunday
- April 1 Easter Monday
- 25 Anzac Day
- June 10 King's Birthday*
- December 25 Christmas Day
- 26 Boxing Day

AUSTRIA

- January 1 New Year's Day
- 6 Epiphany
- March 29 Good Friday*
- 31 Easter
- April 1 Easter Monday
- May 1 Labour Day
- 9 Ascension
- 20 Whit Monday
- 30 Corpus Christi Day
- August 15 Assumption
- October 26 National Day
- November 1 All Saints' Day
- December 8 Immaculate Conception
- 25 Christmas Day
- 26 St Stephen's Day

BELGIUM

- January 1 New Year's Day
- March 31 Easter
- April 1 Easter Monday
- May 1 Labour Day
- 9 Ascension
- 20 Whit Monday
- July 21 National Day
- August 15 Assumption
- November 1 All Saints' Day
- 11 Armistice Day
- December 25 Christmas Day

CANADA

- January 1 New Year's Day
- February 19 Civic Holiday*
- March 29 Good Friday
- 31 Easter
- May 20 Victoria Day
- July 1 Canada Day
- August 5 Civic Holiday*
- September 2 Labour Day
- October 14 Thanksgiving Day
- November 11 Remembrance Day
- December 25 Christmas Day
- 26 Boxing Day*

CZECH REPUBLIC

- January 1 New Year's Day
- March 29 Good Friday
- 31 Easter
- April 1 Easter Monday
- May 1 May Day
- 8 Liberation Day
- July 5 St Cyril and St Methodius Day
- 6 Jan Hus Day
- September 28 Statehood Day
- October 28 Independence Day
- November 17 Freedom and Democracy Day
- December 24 Christmas Eve
- 25 Christmas Day
- 26 Second Christmas Day

FRANCE

- January 1 New Year's Day
- March 31 Easter
- April 1 Easter Monday
- May 1 Labour Day
- 8 WWII Victory Day
- 9 Ascension
- 20 Whit Monday
- July 14 National Day
- August 15 Assumption
- November 1 All Saints' Day
- 11 Armistice Day
- December 25 Christmas Day

GERMANY

- January 1 New Year's Day
- March 29 Good Friday
- 31 Easter
- April 1 Easter Monday
- May 1 Labour Day
- 9 Ascension
- 20 Whit Monday

INTERNATIONAL HOLIDAYS 2024

October 3 Day of German Unity
December 25 Christmas Day
26 Second Christmas Day

IRELAND

January 1 New Year's Day
February 6 St Brigid's Day
March 17 St Patrick's Day
29 Good Friday
31 Easter
April 1 Easter Monday
May 6 May Bank Holiday
June 3 June Bank Holiday
August 5 August Bank Holiday
October 28 October Bank Holiday
December 25 Christmas Day
26 St Stephen's Day

ITALY

January 1 New Year's Day
6 Epiphany
March 31 Easter
April 1 Easter Monday
25 Liberation Day
May 1 Labour Day
June 2 Republic Day
August 15 Assumption
November 1 All Saints' Day
December 8 Immaculate Conception
25 Christmas Day
26 St Stephen's Day

JAPAN

January 1 New Year's Day
8 Coming of Age Day
February 11 National Foundation Day
23 Emperor's Birthday
March 20 Vernal Equinox Day
April 29 Showa Day
May 3 Constitution Memorial Day
4 Greenery Day
5 Children's Day
July 15 Marine Day
August 11 Mountain Day
September 16 Respect for the Aged Day
22 Autumnal Equinox Day

October 14 Sports Day
November 3 Culture Day
23 Labour Thanksgiving Day

NETHERLANDS

January 1 New Year's Day
March 29 Good Friday*
31 Easter
April 1 Easter Monday
27 King's Birthday
May 5 Liberation Day
9 Ascension
19 Pentecost
20 Whit Monday
December 25 Christmas Day
26 Second Christmas Day

NORWAY

January 1 New Year's Day
March 28 Maundy Thursday
29 Good Friday
31 Easter
April 1 Easter Monday
May 1 Labour Day
9 Ascension
17 Constitution Day
19 Whit Sunday
20 Whit Monday
December 25 Christmas Day
26 Second Christmas Day

POLAND

January 1 New Year's Day
6 Epiphany
March 31 Easter
April 1 Easter Monday
May 1 State Holiday
3 Constitution Day
19 Pentecost
30 Corpus Christi Day
August 15 Assumption
November 1 All Saints' Day
11 Independence Day
December 25 Christmas Day
26 Second Christmas Day

PORTUGAL

January 1 New Year's Day

INTERNATIONAL HOLIDAYS 2024

February 13 Shrove Tuesday (Carnival)
March 29 Good Friday
31 Easter
April 25 Liberation Day
May 1 Labour Day
30 Corpus Christi Day
June 10 National Day
August 15 Assumption
October 5 Republic Day
November 1 All Saints' Day
December 1 Independence Day
8 Immaculate Conception
25 Christmas Day

SLOVAKIA

January 1 New Year's Day
Republic Day
6 Epiphany
March 29 Good Friday
31 Easter
April 1 Easter Monday
May 1 May Day
8 Victory Day
July 5 St Cyril and St Methodius Day
August 29 Slovak National Uprising Day
September 1 Constitution Day
15 Our Lady of Sorrows Day
November 1 All Saints' Day
17 Freedom and Democracy Day
December 24 Christmas Eve
25 Christmas Day
26 Second Christmas Day

SPAIN

January 1 New Year's Day
6 Epiphany
March 28 Maundy Thursday*
29 Good Friday
May 1 Labour Day
August 15 Assumption
October 12 National Day
November 1 All Saints' Day
December 6 Constitution Day
8 Immaculate Conception
25 Christmas Day

SWEDEN

January 1 New Year's Day

January 6 Epiphany
March 29 Good Friday
31 Easter
April 1 Easter Monday
May 1 Labour Day
9 Ascension
19 Pentecost
June 6 National Day
22 Midsummer's Day
November 2 All Saints' Day
December 25 Christmas Day
26 Second Christmas Day

SWITZERLAND

January 1 New Year's Day
March 29 Good Friday*
31 Easter
April 1 Easter Monday*
May 1 Labour Day*
9 Ascension
20 Whit Monday*
August 1 National Day
December 25 Christmas Day
26 St Stephen's Day*

UNITED KINGDOM

January 1 New Year's Day
2 Second of January*
March 17 St Patrick's Day*
29 Good Friday
31 Easter
April 1 Easter Monday*
May 6 Early May Bank Holiday
27 Spring Bank Holiday
August 5 Summer Bank Holiday*
26 Summer Bank Holiday*
November 30 St Andrew's Day*
December 25 Christmas Day
26 Boxing Day

USA

January 1 New Year's Day
15 Martin Luther King Jr Day
February 19 Presidents' Day
March 31 Easter
May 27 Memorial Day

INTERNATIONAL HOLIDAYS 2024

July 4 Independence Day
September 2 Labour Day
October 14 Columbus Day

November 11 Veterans' Day
28 Thanksgiving Day
December 25 Christmas Day

Not a public holiday/Not a public holiday in all regions.
This table lists commemorative dates. Additional public holidays may precede or follow some dates.
Regional holidays may not be included. This information is provided as a guide only.

NOTES

NOTES

JANUARY – 2024 MONTH PLANNER

MONDAY	TUESDAY	WEDNESDAY	THURSDAY	FRIDAY	SATURDAY	SUNDAY
1	2	3	4	5 ☾	6	7
8	9	10	11 ●	12	13	14
15	16	17	18 ☽ 19		20	21
22	23	24	25 ○ 26		27	28
29	30	31	1	2	☾ 3	4

FEBRUARY – 2024 MONTH PLANNER

MONDAY	TUESDAY	WEDNESDAY	THURSDAY	FRIDAY	SATURDAY	SUNDAY
29	30	31	1	2 ☾	3	4
5	6	7	8	9 ●	10	11
12	13	14	15	16 ☽	17	18
19	20	21	22	23	24	25 ○
26	27	28	29	1	2	3 ☾

MARCH – 2024 MONTH PLANNER

MONDAY	TUESDAY	WEDNESDAY	THURSDAY	FRIDAY	SATURDAY	SUNDAY
26	27	28	29	1	2	3
4	5	6	7	8	9	10
11	12	13	14	15	16	17
18	19	20	21	22	23	24
25	26	27	28	29	30	31

APRIL – 2024 MONTH PLANNER

MONDAY	TUESDAY	WEDNESDAY	THURSDAY	FRIDAY	SATURDAY	SUNDAY
1	2	☾ 3	4	5	6	7
8 ●	9	10	11	12	13	14
15 ☽	☽ 16	17	18	19	20	21
22	23	○ 24	25	26	27	28
29	30	1	☾ 2	3	4	5

MAY – 2024 MONTH PLANNER

MONDAY	TUESDAY	WEDNESDAY	THURSDAY	FRIDAY	SATURDAY	SUNDAY
29	30	1 ☾	2	3	4	5
6	7	8 ●	9	10	11	12
13	14	15 ☽	16	17	18	19
20	21	22	23 ○	24	25	26
27	28	29	30 ☾	31	1	2

JUNE – 2024 MONTH PLANNER

MONDAY	TUESDAY	WEDNESDAY	THURSDAY	FRIDAY	SATURDAY	SUNDAY
27	28	29	30 ☾	31	1	2
3	4	5	6 ●	7	8	9
10	11	12	13	14 ☽	15	16
17	18	19	20 ☼	21	22 ○	23
24	25	26	27	28	29 ☾	30

JULY – 2024 MONTH PLANNER

MONDAY	TUESDAY	WEDNESDAY	THURSDAY	FRIDAY	SATURDAY	SUNDAY
1	2	3	4	5 ●	6	7
8	9	10	11	12	13 ☽	14
15	16	17	18	19	20	21 ○
22	23	24	25	26	27	28 ☾
29	30	31	1	2	3	4 ●

AUGUST – 2024 MONTH PLANNER

MONDAY	TUESDAY	WEDNESDAY	THURSDAY	FRIDAY	SATURDAY	SUNDAY
29	30	31	1	2	3	4
5	6	7	8	9	10	11
12	☽ 13	14	15	16	17	18
19	○ 20	21	22	23	24	25
26	☾ 27	28	29	30	31	1

SEPTEMBER – 2024 MONTH PLANNER

MONDAY	TUESDAY	WEDNESDAY	THURSDAY	FRIDAY	SATURDAY	SUNDAY
26 ☾	27	28	29	30	31	1
2	3 ●	4	5	6	7	8
9	10	11	12 ☽	13	14	15
16	17	18	19 ○	20	21	22
23	24 ☾	25	26	27	28	29
30						

OCTOBER – 2024 MONTH PLANNER

MONDAY	TUESDAY	WEDNESDAY	THURSDAY	FRIDAY	SATURDAY	SUNDAY
30	1	2	3	4	5	6
7	8	9	10	11	12	13
14	15	16	17	18	19	20
21	22	23	24	25	26	27
28	29	30	31	1	2	3

NOVEMBER – 2024 MONTH PLANNER

MONDAY	TUESDAY	WEDNESDAY	THURSDAY	FRIDAY	SATURDAY	SUNDAY
28	29	30	31	1	2	3
4	5	6	7	8	9	10
11	12	13	14	15	16	17
18	19	20	21	22	23	24
25	26	27	28	29	30	1

DECEMBER – 2024 MONTH PLANNER

MONDAY	TUESDAY	WEDNESDAY	THURSDAY	FRIDAY	SATURDAY	SUNDAY
25	26	27	28	29	30	1
2	3	4	5	6	7	8
9	10	11	12	13	14	15
16	17	18	19	20	21	22
23	24	25	26	27	28	29
30	31					

NOTES

NOTES

THE YEAR
2024

WEEK 1

JANUARY

MONDAY
1

TUESDAY
2

WEDNESDAY
3

THURSDAY
4 ☾

2024

FRIDAY
5

SATURDAY
6

SUNDAY
7

NOTES

JANUARY

	M	T	W	T	F	S	**S**
1	1	2	3	4	5	6	**7**
2	8	9	10	11	12	13	**14**
3	15	16	17	18	19	20	**21**
4	22	23	24	25	26	27	**28**
5	29	30	31	1	2	3	4

WEEK 2

JANUARY

MONDAY
8

TUESDAY
9

WEDNESDAY
10

THURSDAY
11 ●

2024

FRIDAY
12

SATURDAY
13

SUNDAY
14

NOTES

JANUARY

	M	T	W	T	F	S	**S**
1	1	2	3	4	5	6	**7**
2	8	9	10	11	12	13	**14**
3	15	16	17	18	19	20	**21**
4	22	23	24	25	26	27	**28**
5	29	30	31	1	2	3	4

WEEK 3

JANUARY

MONDAY
15

TUESDAY
16

WEDNESDAY
17

THURSDAY
18 ☽

2024

FRIDAY
19

SATURDAY
20

SUNDAY
21

NOTES

JANUARY

	M	T	W	T	F	S	**S**
1	1	2	3	4	5	6	**7**
2	8	9	10	11	12	13	**14**
3	15	16	17	18	19	20	**21**
4	22	23	24	25	26	27	**28**
5	29	30	31	1	2	3	4

WEEK 4

JANUARY

MONDAY
22

TUESDAY
23

WEDNESDAY
24

THURSDAY
25 ○

2024

FRIDAY
26

SATURDAY
27

SUNDAY
28

NOTES

JANUARY

M	T	W	T	F	S	**S**
1	2	3	4	5	6	**7**
8	9	10	11	12	13	**14**
15	16	17	18	19	20	**21**
22	23	24	25	26	27	**28**
29	30	31	1	2	3	4

WEEK 5

JANUARY–FEBRUARY

MONDAY
29

TUESDAY
30

WEDNESDAY
31

THURSDAY
1

2024

FRIDAY
2 ☾

SATURDAY
3

SUNDAY
4

NOTES

FEBRUARY

	M	T	W	T	F	S	**S**
5	29	30	31	1	2	3	**4**
6	5	6	7	8	9	10	**11**
7	12	13	14	15	16	17	**18**
8	19	20	21	22	23	24	**25**
9	26	27	28	29	1	2	3

WEEK 6 — FEBRUARY

MONDAY
5

TUESDAY
6

WEDNESDAY
7

THURSDAY
8

2024

FRIDAY
9 ●

SATURDAY
10

SUNDAY
11

NOTES

FEBRUARY

	M	T	W	T	F	S	**S**
5	29	30	31	1	2	3	**4**
6	5	6	7	8	9	10	**11**
7	12	13	14	15	16	17	**18**
8	19	20	21	22	23	24	**25**
9	26	27	28	29	1	2	3

WEEK 7   FEBRUARY

MONDAY
12

TUESDAY
13

WEDNESDAY
14

THURSDAY
15

2024

FRIDAY
16 ☽

SATURDAY
17

SUNDAY
18

NOTES

FEBRUARY

	M	T	W	T	F	S	**S**
5	29	30	31	1	2	3	**4**
6	5	6	7	8	9	10	**11**
7	12	13	14	15	16	17	**18**
8	19	20	21	22	23	24	**25**
9	26	27	28	29	1	2	3

WEEK 8 | FEBRUARY

MONDAY
19

TUESDAY
20

WEDNESDAY
21

THURSDAY
22

2024

FRIDAY
23

SATURDAY
24 ○

SUNDAY
25

NOTES

FEBRUARY

	M	T	W	T	F	S	**S**
5	29	30	31	1	2	3	**4**
6	5	6	7	8	9	10	**11**
7	12	13	14	15	16	17	**18**
8	19	20	21	22	23	24	**25**
9	26	27	28	29	1	2	3

WEEK 9   FEBRUARY–MARCH

MONDAY
26

TUESDAY
27

WEDNESDAY
28

THURSDAY
29

2024

FRIDAY
1

SATURDAY
2

SUNDAY
3 ☾

NOTES

FEBRUARY

	M	T	W	T	F	S	**S**
5	29	30	31	1	2	3	**4**
6	5	6	7	8	9	10	**11**
7	12	13	14	15	16	17	**18**
8	19	20	21	22	23	24	**25**
9	26	27	28	29	1	2	3

WEEK 10

MARCH

MONDAY
4

TUESDAY
5

WEDNESDAY
6

THURSDAY
7

2024

FRIDAY
8

SATURDAY
9

SUNDAY
10

NOTES

MARCH

M	T	W	T	F	S	S
9	26	27	28	29	1	2	3
10	4	5	6	7	8	9	**10**
11	11	12	13	14	15	16	**17**
12	18	19	20	21	22	23	**24**
13	25	26	27	28	29	30	**31**

WEEK 11   MARCH

MONDAY
11

TUESDAY
12

WEDNESDAY
13

THURSDAY
14

2024

FRIDAY
15

SATURDAY
16

SUNDAY
17 ☾

NOTES

MARCH

	M	T	W	T	F	S	**S**
9	26	27	28	29	1	2	**3**
10	4	5	6	7	8	9	**10**
11	11	12	13	14	15	16	**17**
12	18	19	20	21	22	23	**24**
13	25	26	27	28	29	30	**31**

WEEK 12 | MARCH

MONDAY
18

TUESDAY
19

WEDNESDAY
20 ❀
03:06 UTC

THURSDAY
21

2024

FRIDAY
22

SATURDAY
23

SUNDAY
24

NOTES

MARCH

	M	T	W	T	F	S	S
9	26	27	28	29	1	2	**3**
10	4	5	6	7	8	9	**10**
11	11	12	13	14	15	16	**17**
12	18	19	20	21	22	23	**24**
13	25	26	27	28	29	30	**31**

WEEK 13   MARCH

MONDAY
25 ○

TUESDAY
26

WEDNESDAY
27

THURSDAY
28

2024

FRIDAY
29

SATURDAY
30

SUNDAY
31

NOTES

MARCH

	M	T	W	T	F	S	**S**
9	26	27	28	29	1	2	**3**
10	4	5	6	7	8	9	**10**
11	11	12	13	14	15	16	**17**
12	18	19	20	21	22	23	**24**
13	25	26	27	28	29	30	**31**

WEEK 14
APRIL

MONDAY
1

TUESDAY
2 ☾

WEDNESDAY
3

THURSDAY
4

2024

FRIDAY
5

SATURDAY
6

SUNDAY
7

NOTES

APRIL

	M	T	W	T	F	S	**S**
14	1	2	3	4	5	6	**7**
15	8	9	10	11	12	13	**14**
16	15	16	17	18	19	20	**21**
17	22	23	24	25	26	27	**28**
18	29	30	1	2	3	4	5

WEEK 15　　　　　　　　　　APRIL

MONDAY
8

TUESDAY
9

WEDNESDAY
10

THURSDAY
11

2024

FRIDAY
12

SATURDAY
13

SUNDAY
14

NOTES

APRIL

M	T	W	T	F	S	**S**
14 1	2	3	4	5	6	**7**
15 8	9	10	11	12	13	**14**
16 15	16	17	18	19	20	**21**
17 22	23	24	25	26	27	**28**
18 29	30	1	2	3	4	5

WEEK 16

APRIL

MONDAY
15 ☾

TUESDAY
16

WEDNESDAY
17

THURSDAY
18

2024

FRIDAY
19

SATURDAY
20

SUNDAY
21

NOTES

APRIL

	M	T	W	T	F	S	**S**
14	1	2	3	4	5	6	**7**
15	8	9	10	11	12	13	**14**
16	15	16	17	18	19	20	**21**
17	22	23	24	25	26	27	**28**
18	29	30	1	2	3	4	5

WEEK 17

APRIL

MONDAY
22

TUESDAY
23 ○

WEDNESDAY
24

THURSDAY
25

2024

FRIDAY
26

SATURDAY
27

SUNDAY
28

NOTES

APRIL

	M	T	W	T	F	S	**S**
14	1	2	3	4	5	6	**7**
15	8	9	10	11	12	13	**14**
16	15	16	17	18	19	20	**21**
17	22	23	24	25	26	27	**28**
18	29	30	1	2	3	4	5

WEEK 18　　　　　　　APRIL–MAY

MONDAY
29

TUESDAY
30

WEDNESDAY
1 ☾

THURSDAY
2

2024

FRIDAY
3

SATURDAY
4

SUNDAY
5

NOTES

MAY

	M	T	W	T	F	S	**S**
18	29	30	1	2	3	4	**5**
19	6	7	8	9	10	11	**12**
20	13	14	15	16	17	18	**19**
21	20	21	22	23	24	25	**26**
22	27	28	29	30	31	1	2

WEEK 19 　　　　　　　　　　MAY

MONDAY
6

TUESDAY
7

WEDNESDAY
8 ●

THURSDAY
9

2024

FRIDAY
10

SATURDAY
11

SUNDAY
12

NOTES

MAY

	M	T	W	T	F	S	**S**
18	29	30	1	2	3	4	**5**
19	6	7	8	9	10	11	**12**
20	13	14	15	16	17	18	**19**
21	20	21	22	23	24	25	**26**
22	27	28	29	30	31	1	2

WEEK 20   MAY

MONDAY
13

TUESDAY
14

WEDNESDAY
15 ☾

THURSDAY
16

2024

FRIDAY
17

SATURDAY
18

SUNDAY
19

NOTES

MAY

	M	T	W	T	F	S	**S**
18	29	30	1	2	3	4	**5**
19	6	7	8	9	10	11	**12**
20	13	14	15	16	17	18	**19**
21	20	21	22	23	24	25	**26**
22	27	28	29	30	31	1	2

WEEK 21　　　　　　　　　　MAY

MONDAY
20

TUESDAY
21

WEDNESDAY
22

THURSDAY
23 ○

2024

FRIDAY
24

SATURDAY
25

SUNDAY
26

NOTES

MAY

	M	T	W	T	F	S	**S**
18	29	30	1	2	3	4	**5**
19	6	7	8	9	10	11	**12**
20	13	14	15	16	17	18	**19**
21	20	21	22	23	24	25	**26**
22	27	28	29	30	31	1	2

WEEK 22   MAY–JUNE

MONDAY
27

TUESDAY
28

WEDNESDAY
29

THURSDAY
30 ☾

2024

FRIDAY
31

SATURDAY
1

SUNDAY
2

NOTES

MAY

	M	T	W	T	F	S	**S**
18	29	30	1	2	3	4	**5**
19	6	7	8	9	10	11	**12**
20	13	14	15	16	17	18	**19**
21	20	21	22	23	24	25	**26**
22	27	28	29	30	31	1	2

WEEK 23   JUNE

MONDAY
3

TUESDAY
4

WEDNESDAY
5

THURSDAY
6 ●

2024

FRIDAY
7

SATURDAY
8

SUNDAY
9

NOTES

JUNE

	M	T	W	T	F	S	**S**
22	27	28	29	30	31	1	**2**
23	3	4	5	6	7	8	**9**
24	10	11	12	13	14	15	**16**
25	17	18	19	20	21	22	**23**
26	24	25	26	27	28	29	**30**

WEEK 24

JUNE

MONDAY
10

TUESDAY
11

WEDNESDAY
12

THURSDAY
13

2024

FRIDAY
14 ☾

SATURDAY
15

SUNDAY
16

NOTES

JUNE

M	T	W	T	F	S	**S**
22 27	28	29	30	31	1	**2**
23 3	4	5	6	7	8	**9**
24 10	11	12	13	14	15	**16**
25 17	18	19	20	21	22	**23**
26 24	25	26	27	28	29	**30**

WEEK 25 | JUNE

MONDAY
17

TUESDAY
18

WEDNESDAY
19

THURSDAY
20 ☼
20:51 UTC

2024

FRIDAY
21

SATURDAY
22 ○

SUNDAY
23

NOTES

JUNE

M	T	W	T	F	S	**S**
22 27	28	29	30	31	1	**2**
23 3	4	5	6	7	8	**9**
24 10	11	12	13	14	15	**16**
25 17	18	19	20	21	22	**23**
26 24	25	26	27	28	29	**30**

WEEK 26   JUNE

MONDAY
24

TUESDAY
25

WEDNESDAY
26

THURSDAY
27

2024

FRIDAY
28 ☾

SATURDAY
29

SUNDAY
30

NOTES

JUNE

	M	T	W	T	F	S	**S**
22	27	28	29	30	31	1	**2**
23	3	4	5	6	7	8	**9**
24	10	11	12	13	14	15	**16**
25	17	18	19	20	21	22	**23**
26	**24**	**25**	**26**	**27**	**28**	**29**	**30**

WEEK 27

JULY

MONDAY
1

TUESDAY
2

WEDNESDAY
3

THURSDAY
4

2024

FRIDAY
5 ●

SATURDAY
6

SUNDAY
7

NOTES

JULY

	M	T	W	T	F	S	**S**
27	1	2	3	4	5	6	**7**
28	8	9	10	11	12	13	**14**
29	15	16	17	18	19	20	**21**
30	22	23	24	25	26	27	**28**
31	29	30	31	1	2	3	4

WEEK 28   JULY

MONDAY
8

TUESDAY
9

WEDNESDAY
10

THURSDAY
11

2024

FRIDAY
12

SATURDAY
13 ☾

SUNDAY
14

NOTES

JULY

	M	T	W	T	F	S	**S**
27	1	2	3	4	5	6	**7**
28	8	9	10	11	12	13	**14**
29	15	16	17	18	19	20	**21**
30	22	23	24	25	26	27	**28**
31	29	30	31	1	2	3	4

WEEK 29　　　　　　　　　JULY

MONDAY
15

TUESDAY
16

WEDNESDAY
17

THURSDAY
18

2024

FRIDAY
19

SATURDAY
20

SUNDAY
21 ○

NOTES

JULY

M	T	W	T	F	S	**S**
27	1	2	3	4	5	6	**7**
28	8	9	10	11	12	13	**14**
29	15	16	17	18	19	20	**21**
30	22	23	24	25	26	27	**28**
31	29	30	31	1	2	3	4

WEEK 30

JULY

MONDAY
22

TUESDAY
23

WEDNESDAY
24

THURSDAY
25

2024

FRIDAY
26

SATURDAY
27

SUNDAY
28 ☾

NOTES

JULY

M	T	W	T	F	S	**S**
27 1	2	3	4	5	6	**7**
28 8	9	10	11	12	13	**14**
29 15	16	17	18	19	20	**21**
30 22	23	24	25	26	27	**28**
31 29	30	31	1	2	3	4

WEEK 31 　　　　JULY–AUGUST

MONDAY
29

TUESDAY
30

WEDNESDAY
31

THURSDAY
1

2024

FRIDAY
2

SATURDAY
3

SUNDAY
4

NOTES

AUGUST

	M	T	W	T	F	S	S
31	29	30	31	1	2	3	**4**
32	5	6	7	8	9	10	**11**
33	12	13	14	15	16	17	**18**
34	19	20	21	22	23	24	**25**
35	26	27	28	29	30	31	1

WEEK 32

AUGUST

MONDAY
5

TUESDAY
6

WEDNESDAY
7

THURSDAY
8

2024

FRIDAY
9

SATURDAY
10

SUNDAY
11

NOTES

AUGUST

	M	T	W	T	F	S	**S**
31	29	30	31	1	2	3	**4**
32	5	6	7	8	9	10	**11**
33	12	13	14	15	16	17	**18**
34	19	20	21	22	23	24	**25**
35	26	27	28	29	30	31	1

WEEK 33   AUGUST

MONDAY
12 ☽

TUESDAY
13

WEDNESDAY
14

THURSDAY
15

2024

FRIDAY
16

SATURDAY
17

SUNDAY
18

NOTES

AUGUST

	M	T	W	T	F	S	**S**
31	29	30	31	1	2	3	**4**
32	5	6	7	8	9	10	**11**
33	12	13	14	15	16	17	**18**
34	19	20	21	22	23	24	**25**
35	26	27	28	29	30	31	1

WEEK 34   AUGUST

MONDAY
19 ○

TUESDAY
20

WEDNESDAY
21

THURSDAY
22

2024

FRIDAY
23

SATURDAY
24

SUNDAY
25

NOTES

AUGUST

	M	T	W	T	F	S	**S**
31	29	30	31	1	2	3	**4**
32	5	6	7	8	9	10	**11**
33	12	13	14	15	16	17	**18**
34	19	20	21	22	23	24	**25**
35	26	27	28	29	30	31	1

WEEK 35 AUGUST–SEPTEMBER

MONDAY
26 ☾

TUESDAY
27

WEDNESDAY
28

THURSDAY
29

2024

FRIDAY
30

SATURDAY
31

SUNDAY
1

NOTES

AUGUST

	M	T	W	T	F	S	**S**
31	29	30	31	1	2	3	**4**
32	5	6	7	8	9	10	**11**
33	12	13	14	15	16	17	**18**
34	19	20	21	22	23	24	**25**
35	26	27	28	29	30	31	1

WEEK 36

SEPTEMBER

MONDAY
2

TUESDAY
3 ●

WEDNESDAY
4

THURSDAY
5

2024

FRIDAY
6

SATURDAY
7

SUNDAY
8

NOTES

SEPTEMBER

	M	T	W	T	F	S	**S**
35	26	27	28	29	30	31	**1**
36	2	3	4	5	6	7	**8**
37	9	10	11	12	13	14	**15**
38	16	17	18	19	20	21	**22**
39	23/30	24	25	26	27	28	**29**

WEEK 37

SEPTEMBER

MONDAY
9

TUESDAY
10

WEDNESDAY
11 ☽

THURSDAY
12

2024

FRIDAY
13

SATURDAY
14

SUNDAY
15

NOTES

SEPTEMBER

	M	T	W	T	F	S	**S**
35	26	27	28	29	30	31	**1**
36	2	3	4	5	6	7	**8**
37	9	10	11	12	13	14	**15**
38	16	17	18	19	20	21	**22**
39	23/30	24	25	26	27	28	**29**

WEEK 38

SEPTEMBER

MONDAY
16

TUESDAY
17

WEDNESDAY
18 ○

THURSDAY
19

2024

FRIDAY
20

SATURDAY
21

SUNDAY
22
12:44 UTC

NOTES

	SEPTEMBER						
	M	T	W	T	F	S	**S**
35	26	27	28	29	30	31	**1**
36	2	3	4	5	6	7	**8**
37	9	10	11	12	13	14	**15**
38	**16**	**17**	**18**	**19**	**20**	**21**	**22**
39	23/30	24	25	26	27	28	**29**

WEEK 39   SEPTEMBER

MONDAY
23

TUESDAY
24 ☾

WEDNESDAY
25

THURSDAY
26

2024

FRIDAY
27

SATURDAY
28

SUNDAY
29

NOTES

SEPTEMBER

	M	T	W	T	F	S	**S**
35	26	27	28	29	30	31	**1**
36	2	3	4	5	6	7	**8**
37	9	10	11	12	13	14	**15**
38	16	17	18	19	20	21	**22**
39	23/30	24	25	26	27	28	**29**

WEEK 40   SEPTEMBER–OCTOBER

MONDAY
30

TUESDAY
1

WEDNESDAY
2 ●

THURSDAY
3

2024

FRIDAY
4

SATURDAY
5

SUNDAY
6

NOTES

OCTOBER

	M	T	W	T	F	S	**S**
40	30	1	2	3	4	5	**6**
41	7	8	9	10	11	12	**13**
42	14	15	16	17	18	19	**20**
43	21	22	23	24	25	26	**27**
44	28	29	30	31	1	2	3

WEEK 41

OCTOBER

MONDAY
7

TUESDAY
8

WEDNESDAY
9

THURSDAY
10 ☾

2024

FRIDAY
11

SATURDAY
12

SUNDAY
13

NOTES

OCTOBER

	M	T	W	T	F	S	**S**
40	30	1	2	3	4	5	**6**
41	7	8	9	10	11	12	**13**
42	14	15	16	17	18	19	**20**
43	21	22	23	24	25	26	**27**
44	28	29	30	31	1	2	3

WEEK 42 　　　　　　　OCTOBER

MONDAY
14

TUESDAY
15

WEDNESDAY
16

THURSDAY
17 ○

2024

FRIDAY
18

SATURDAY
19

SUNDAY
20

NOTES

OCTOBER

	M	T	W	T	F	S	**S**
40	30	1	2	3	4	5	**6**
41	7	8	9	10	11	12	**13**
42	14	15	16	17	18	19	**20**
43	21	22	23	24	25	26	**27**
44	28	29	30	31	1	2	3

WEEK 43

OCTOBER

MONDAY
21

TUESDAY
22

WEDNESDAY
23

THURSDAY
24 ☾

2024

FRIDAY
25

SATURDAY
26

SUNDAY
27 ☉

NOTES

OCTOBER

	M	T	W	T	F	S	**S**
40	30	1	2	3	4	5	**6**
41	7	8	9	10	11	12	**13**
42	14	15	16	17	18	19	**20**
43	21	22	23	24	25	26	**27**
44	28	29	30	31	1	2	3

WEEK 44

OCTOBER–NOVEMBER

MONDAY
28

TUESDAY
29

WEDNESDAY
30

THURSDAY
31

2024

FRIDAY
1 ●

SATURDAY
2

SUNDAY
3

NOTES

OCTOBER

	M	T	W	T	F	S	**S**
40	30	1	2	3	4	5	**6**
41	7	8	9	10	11	12	**13**
42	14	15	16	17	18	19	**20**
43	21	22	23	24	25	26	**27**
44	28	29	30	31	1	2	3

WEEK 45 NOVEMBER

MONDAY
4

TUESDAY
5

WEDNESDAY
6

THURSDAY
7

2024

FRIDAY
8

SATURDAY
9 ☾

SUNDAY
10

NOTES

NOVEMBER

	M	T	W	T	F	S	S
44	28	29	30	31	1	2	**3**
45	**4**	**5**	**6**	**7**	**8**	**9**	**10**
46	11	12	13	14	15	16	**17**
47	18	19	20	21	22	23	**24**
48	25	26	27	28	29	30	1

WEEK 46

NOVEMBER

MONDAY
11

TUESDAY
12

WEDNESDAY
13

THURSDAY
14

2024

FRIDAY
15 ○

SATURDAY
16

SUNDAY
17

NOTES

NOVEMBER

	M	T	W	T	F	S	**S**
44	28	29	30	31	1	2	**3**
45	4	5	6	7	8	9	**10**
46	11	12	13	14	15	16	**17**
47	18	19	20	21	22	23	**24**
48	25	26	27	28	29	30	1

WEEK 47 NOVEMBER

MONDAY
18

TUESDAY
19

WEDNESDAY
20

THURSDAY
21

2024

FRIDAY
22

SATURDAY
23 ☾

SUNDAY
24

NOTES

NOVEMBER

	M	T	W	T	F	S	**S**
44	28	29	30	31	1	2	**3**
45	4	5	6	7	8	9	**10**
46	11	12	13	14	15	16	**17**
47	18	19	20	21	22	23	**24**
48	25	26	27	28	29	30	1

WEEK 48   NOVEMBER–DECEMBER

MONDAY
25

TUESDAY
26

WEDNESDAY
27

THURSDAY
28

2024

FRIDAY
29

SATURDAY
30

SUNDAY
1 ●

NOTES

NOVEMBER

	M	T	W	T	F	S	**S**
44	28	29	30	31	1	2	**3**
45	4	5	6	7	8	9	**10**
46	11	12	13	14	15	16	**17**
47	18	19	20	21	22	23	**24**
48	25	26	27	28	29	30	1

WEEK 49　　　　　　　　　　DECEMBER

MONDAY
2

TUESDAY
3

WEDNESDAY
4

THURSDAY
5

2024

FRIDAY
6

SATURDAY
7

SUNDAY
8 ☽

NOTES

DECEMBER

	M	T	W	T	F	S	**S**
48	25	26	27	28	29	30	**1**
49	2	3	4	5	6	7	**8**
50	9	10	11	12	13	14	**15**
51	16	17	18	19	20	21	**22**
52	23/30	24/31	25	26	27	28	**29**

WEEK 50   DECEMBER

MONDAY
9

TUESDAY
10

WEDNESDAY
11

THURSDAY
12

2024

FRIDAY
13

SATURDAY
14

SUNDAY
15 ○

NOTES

DECEMBER

	M	T	W	T	F	S	**S**
48	25	26	27	28	29	30	**1**
49	2	3	4	5	6	7	**8**
50	9	10	11	12	13	14	**15**
51	16	17	18	19	20	21	**22**
52	23/30	24/31	25	26	27	28	**29**

WEEK 51   DECEMBER

MONDAY
16

TUESDAY
17

WEDNESDAY
18

THURSDAY
19

2024

FRIDAY
20

SATURDAY
21 ☀
09:21 UTC

SUNDAY
22 ☾

NOTES

DECEMBER

M	T	W	T	F	S	**S**
48 25	26	27	28	29	30	**1**
49 2	3	4	5	6	7	**8**
50 9	10	11	12	13	14	**15**
51 **16**	**17**	**18**	**19**	**20**	**21**	**22**
52 23/30 24/31	25	26	27	28		**29**

WEEK 52　　　　　　　　DECEMBER

MONDAY
23

TUESDAY
24

WEDNESDAY
25

THURSDAY
26

2024

FRIDAY
27

SATURDAY
28

SUNDAY
29

NOTES

DECEMBER

	M	T	W	T	F	S	**S**
48	25	26	27	28	29	30	**1**
49	2	3	4	5	6	7	**8**
50	9	10	11	12	13	14	**15**
51	16	17	18	19	20	21	**22**
52	23/30	24/31	25	26	27	28	**29**

WEEK 1

DECEMBER–JANUARY

MONDAY
30 ●

TUESDAY
31

WEDNESDAY
1

THURSDAY
2

2024–2025

FRIDAY
3

SATURDAY
4

SUNDAY
5

NOTES

JANUARY 2025

	M	T	W	T	F	S	**S**
1	30	31	1	2	3	4	**5**
2	6	7	8	9	10	11	**12**
3	13	14	15	16	17	18	**19**
4	20	21	22	23	24	25	**26**
5	27	28	29	30	31	1	2

2025

JANUARY
M	T	W	T	F	S	**S**
30	31	1	2	3	4	**5**
6	7	8	9	10	11	**12**
13	14	15	16	17	18	**19**
20	21	22	23	24	25	**26**
27	28	29	30	31	1	2

FEBRUARY
M	T	W	T	F	S	**S**
27	28	29	30	31	1	**2**
3	4	5	6	7	8	**9**
10	11	12	13	14	15	**16**
17	18	19	20	21	22	**23**
24	25	26	27	28	1	2

MARCH
M	T	W	T	F	S	**S**
24	25	26	27	28	1	**2**
3	4	5	6	7	8	**9**
10	11	12	13	14	15	**16**
17	18	19	20	21	22	**23**
$^{24}/_{31}$	25	26	27	28	29	**30**

APRIL
M	T	W	T	F	S	**S**
31	1	2	3	4	5	**6**
7	8	9	10	11	12	**13**
14	15	16	17	18	19	**20**
21	22	23	24	25	26	**27**
28	29	30	1	2	3	4

MAY
M	T	W	T	F	S	**S**
28	29	30	1	2	3	**4**
5	6	7	8	9	10	**11**
12	13	14	15	16	17	**18**
19	20	21	22	23	24	**25**
26	27	28	29	30	31	1

JUNE
M	T	W	T	F	S	**S**
26	27	28	29	30	31	**1**
2	3	4	5	6	7	**8**
9	10	11	12	13	14	**15**
16	17	18	19	20	21	**22**
$^{23}/_{30}$	24	25	26	27	28	**29**

JULY
M	T	W	T	F	S	**S**
30	1	2	3	4	5	**6**
7	8	9	10	11	12	**13**
14	15	16	17	18	19	**20**
21	22	23	24	25	26	**27**
28	29	30	31	1	2	3

AUGUST
M	T	W	T	F	S	**S**
28	29	30	31	1	2	**3**
4	5	6	7	8	9	**10**
11	12	13	14	15	16	**17**
18	19	20	21	22	23	**24**
25	26	27	28	29	30	**31**

SEPTEMBER
M	T	W	T	F	S	**S**
1	2	3	4	5	6	**7**
8	9	10	11	12	13	**14**
15	16	17	18	19	20	**21**
22	23	24	25	26	27	**28**
29	30	1	2	3	4	5

OCTOBER
M	T	W	T	F	S	**S**
29	30	1	2	3	4	**5**
6	7	8	9	10	11	**12**
13	14	15	16	17	18	**19**
20	21	22	23	24	25	**26**
27	28	29	30	31	1	2

NOVEMBER
M	T	W	T	F	S	**S**
27	28	29	30	31	1	**2**
3	4	5	6	7	8	**9**
10	11	12	13	14	15	**16**
17	18	19	20	21	22	**23**
24	25	26	27	28	29	**30**

DECEMBER
M	T	W	T	F	S	**S**
1	2	3	4	5	6	**7**
8	9	10	11	12	13	**14**
15	16	17	18	19	20	**21**
22	23	24	25	26	27	**28**
29	30	31	1	2	3	4

NOTES

2026

JANUARY
M	T	W	T	F	S	S
29	30	31	1	2	3	**4**
5	6	7	8	9	10	**11**
12	13	14	15	16	17	**18**
19	20	21	22	23	24	**25**
26	27	28	29	30	31	1

FEBRUARY
M	T	W	T	F	S	S
26	27	28	29	30	31	**1**
2	3	4	5	6	7	**8**
9	10	11	12	13	14	**15**
16	17	18	19	20	21	**22**
23	24	25	26	27	28	1

MARCH
M	T	W	T	F	S	S
23	24	25	26	27	28	**1**
2	3	4	5	6	7	**8**
9	10	11	12	13	14	**15**
16	17	18	19	20	21	**22**
23/30	24/31	25	26	27	28	**29**

APRIL
M	T	W	T	F	S	S
30	31	1	2	3	4	**5**
6	7	8	9	10	11	**12**
13	14	15	16	17	18	**19**
20	21	22	23	24	25	**26**
27	28	29	30	1	2	3

MAY
M	T	W	T	F	S	S
27	28	29	30	1	2	**3**
4	5	6	7	8	9	**10**
11	12	13	14	15	16	**17**
18	19	20	21	22	23	**24**
25	26	27	28	29	30	**31**

JUNE
M	T	W	T	F	S	S
1	2	3	4	5	6	**7**
8	9	10	11	12	13	**14**
15	16	17	18	19	20	**21**
22	23	24	25	26	27	**28**
29	30	1	2	3	4	5

JULY
M	T	W	T	F	S	S
29	30	1	2	3	4	**5**
6	7	8	9	10	11	**12**
13	14	15	16	17	18	**19**
20	21	22	23	24	25	**26**
27	28	29	30	31	1	2

AUGUST
M	T	W	T	F	S	S
27	28	29	30	31	1	**2**
3	4	5	6	7	8	**9**
10	11	12	13	14	15	**16**
17	18	19	20	21	22	**23**
24/31	25	26	27	28	29	**30**

SEPTEMBER
M	T	W	T	F	S	S
31	1	2	3	4	5	**6**
7	8	9	10	11	12	**13**
14	15	16	17	18	19	**20**
21	22	23	24	25	26	**27**
28	29	30	1	2	3	4

OCTOBER
M	T	W	T	F	S	S
28	29	30	1	2	3	**4**
5	6	7	8	9	10	**11**
12	13	14	15	16	17	**18**
19	20	21	22	23	24	**25**
26	27	28	29	30	31	1

NOVEMBER
M	T	W	T	F	S	S
26	27	28	29	30	31	**1**
2	3	4	5	6	7	**8**
9	10	11	12	13	14	**15**
16	17	18	19	20	21	**22**
23/30	24	25	26	27	28	**29**

DECEMBER
M	T	W	T	F	S	S
30	1	2	3	4	5	**6**
7	8	9	10	11	12	**13**
14	15	16	17	18	19	**20**
21	22	23	24	25	26	**27**
28	29	30	31	1	2	3

NOTES

INTERNATIONAL HOLIDAYS 2025

AUSTRALIA

January 1 New Year's Day
26 Australia Day
April 18 Good Friday
19 Easter Saturday*
20 Easter Sunday
21 Easter Monday
25 Anzac Day
June 9 King's Birthday*
December 25 Christmas Day
26 Boxing Day

AUSTRIA

January 1 New Year's Day
6 Epiphany
April 18 Good Friday*
20 Easter
21 Easter Monday
May 1 Labour Day
29 Ascension
June 9 Whit Monday
19 Corpus Christi Day
August 15 Assumption
October 26 National Day
November 1 All Saints' Day
December 8 Immaculate Conception
25 Christmas Day
26 St Stephen's Day

BELGIUM

January 1 New Year's Day
April 20 Easter
21 Easter Monday
May 1 Labour Day
29 Ascension
June 9 Whit Monday
July 21 National Day
August 15 Assumption
November 1 All Saints' Day
11 Armistice Day
December 25 Christmas Day

CANADA

January 1 New Year's Day
February 17 Civic Holiday*
April 18 Good Friday
20 Easter
May 19 Victoria Day
July 1 Canada Day
August 4 Civic Holiday*
September 1 Labour Day
October 13 Thanksgiving Day
November 11 Remembrance Day
December 25 Christmas Day
26 Boxing Day*

CZECH REPUBLIC

January 1 New Year's Day
April 18 Good Friday
20 Easter
21 Easter Monday
May 1 May Day
8 Liberation Day
July 5 St Cyril and St Methodius Day
6 Jan Hus Day
September 28 Statehood Day
October 28 Independence Day
November 17 Freedom and Democracy Day
December 24 Christmas Eve
25 Christmas Day
26 Second Christmas Day

FRANCE

January 1 New Year's Day
April 20 Easter
21 Easter Monday
May 1 Labour Day
8 WWII Victory Day
29 Ascension
June 9 Whit Monday
July 14 National Day
August 15 Assumption
November 1 All Saints' Day
11 Armistice Day
December 25 Christmas Day

GERMANY

January 1 New Year's Day
April 18 Good Friday
20 Easter
21 Easter Monday
May 1 Labour Day
29 Ascension
June 9 Whit Monday

INTERNATIONAL HOLIDAYS 2025

October 3 Day of German Unity
December 25 Christmas Day
26 Second Christmas Day

IRELAND

January 1 New Year's Day
February 6 St Brigid's Day
March 17 St Patrick's Day
April 18 Good Friday
20 Easter
21 Easter Monday
May 5 May Bank Holiday
June 2 June Bank Holiday
August 4 August Bank Holiday
October 27 October Bank Holiday
December 25 Christmas Day
26 St Stephen's Day

ITALY

January 1 New Year's Day
6 Epiphany
April 20 Easter
21 Easter Monday
25 Liberation Day
May 1 Labour Day
June 2 Republic Day
August 15 Assumption
November 1 All Saints' Day
December 8 Immaculate Conception
25 Christmas Day
26 St Stephen's Day

JAPAN

January 1 New Year's Day
13 Coming of Age Day
February 11 National Foundation Day
23 Emperor's Birthday
March 20 Vernal Equinox Day
April 29 Showa Day
May 3 Constitution Memorial Day
4 Greenery Day
5 Children's Day
July 21 Marine Day
August 11 Mountain Day
September 15 Respect for the Aged Day
23 Autumnal Equinox Day
October 13 Sports Day

November 3 Culture Day
23 Labour Thanksgiving Day

NETHERLANDS

January 1 New Year's Day
April 18 Good Friday*
20 Easter
21 Easter Monday
27 King's Birthday
May 5 Liberation Day
29 Ascension
June 8 Pentecost
9 Whit Monday
December 25 Christmas Day
26 Second Christmas Day

NORWAY

January 1 New Year's Day
April 17 Maundy Thursday
18 Good Friday
20 Easter
21 Easter Monday
May 1 Labour Day
17 Constitution Day
29 Ascension
June 8 Whit Sunday
9 Whit Monday
December 25 Christmas Day
26 Second Christmas Day

POLAND

January 1 New Year's Day
6 Epiphany
April 20 Easter
21 Easter Monday
May 1 State Holiday
3 Constitution Day
June 8 Pentecost
19 Corpus Christi Day
August 15 Assumption
November 1 All Saints' Day
11 Independence Day
December 25 Christmas Day
26 Second Christmas Day

PORTUGAL

January 1 New Year's Day

INTERNATIONAL HOLIDAYS 2025

March 4 Shrove Tuesday (Carnival)
April 18 Good Friday
20 Easter
25 Liberation Day
May 1 Labour Day
June 10 National Day
19 Corpus Christi Day
August 15 Assumption
October 5 Republic Day
November 1 All Saints' Day
December 1 Independence Day
8 Immaculate Conception
25 Christmas Day

SLOVAKIA

January 1 New Year's Day
Republic Day
6 Epiphany
April 18 Good Friday
20 Easter
21 Easter Monday
May 1 May Day
8 Victory Day
July 5 St Cyril and St Methodius Day
August 29 Slovak National Uprising Day
September 1 Constitution Day
15 Our Lady of Sorrows Day
November 1 All Saints' Day
17 Freedom and Democracy Day
December 24 Christmas Eve
25 Christmas Day
26 Second Christmas Day

SPAIN

January 1 New Year's Day
6 Epiphany
April 17 Maundy Thursday*
18 Good Friday
May 1 Labour Day
August 15 Assumption
October 12 National Day
November 1 All Saints' Day
December 6 Constitution Day
8 Immaculate Conception
25 Christmas Day

SWEDEN

January 1 New Year's Day
6 Epiphany
April 18 Good Friday
20 Easter
21 Easter Monday
May 1 Labour Day
29 Ascension
June 6 National Day
8 Pentecost
21 Midsummer's Day
November 1 All Saints' Day
December 25 Christmas Day
26 Second Christmas Day

SWITZERLAND

January 1 New Year's Day
April 18 Good Friday*
20 Easter
21 Easter Monday*
May 1 Labour Day*
29 Ascension
June 9 Whit Monday*
August 1 National Day
December 25 Christmas Day
26 St Stephen's Day*

UNITED KINGDOM

January 1 New Year's Day
2 Second of January*
March 17 St Patrick's Day*
April 18 Good Friday
20 Easter
21 Easter Monday*
May 5 Early May Bank Holiday
26 Spring Bank Holiday
August 4 Summer Bank Holiday*
25 Summer Bank Holiday*
November 30 St Andrew's Day*
December 25 Christmas Day
26 Boxing Day

USA

January 1 New Year's Day
20 Martin Luther King Jr Day
February 17 Presidents' Day

INTERNATIONAL HOLIDAYS 2025

April 20 Easter
May 26 Memorial Day
July 4 Independence Day
September 1 Labour Day
October 13 Columbus Day
November 11 Veterans' Day
27 Thanksgiving Day
December 25 Christmas Day

*Not a public holiday/Not a public holiday in all regions.
This table lists commemorative dates. Additional public holidays may precede or follow some dates.
Regional holidays may not be included. This information is provided as a guide only.

NOTES

2025 YEAR PLANNER

	JANUARY	FEBRUARY	MARCH
1	W	S	S
2	T	S	S
3	F	M	M
4	S	T	T
5	S	W	W
6	M	T	T
7	T	F	F
8	W	S	S
9	T	S	S
10	F	M	M
11	S	T	T
12	S	W	W
13	M	T	T
14	T	F	F
15	W	S	S
16	T	S	S
17	F	M	M
18	S	T	T
19	S	W	W
20	M	T	T
21	T	F	F
22	W	S	S
23	T	S	S
24	F	M	M
25	S	T	T
26	S	W	W
27	M	T	T
28	T	F	F
29	W		S
30	T		S
31	F		M

2025 YEAR PLANNER

	APRIL	MAY	JUNE
1	T	T	S
2	W	F	M
3	T	S	T
4	F	S	W
5	S	M	T
6	S	T	F
7	M	W	S
8	T	T	S
9	W	F	M
10	T	S	T
11	F	S	W
12	S	M	T
13	S	T	F
14	M	W	S
15	T	T	S
16	W	F	M
17	T	S	T
18	F	S	W
19	S	M	T
20	S	T	F
21	M	W	S
22	T	T	S
23	W	F	M
24	T	S	T
25	F	S	W
26	S	M	T
27	S	T	F
28	M	W	S
29	T	T	S
30	W	F	M
31		S	

2025 YEAR PLANNER

	JULY	AUGUST	SEPTEMBER
1	T	F	M
2	W	S	T
3	T	S	W
4	F	M	T
5	S	T	F
6	S	W	S
7	M	T	S
8	T	F	M
9	W	S	T
10	T	S	W
11	F	M	T
12	S	T	F
13	S	W	S
14	M	T	S
15	T	F	M
16	W	S	T
17	T	S	W
18	F	M	T
19	S	T	F
20	S	W	S
21	M	T	S
22	T	F	M
23	W	S	T
24	T	S	W
25	F	M	T
26	S	T	F
27	S	W	S
28	M	T	S
29	T	F	M
30	W	S	T
31	T	S	

2025 YEAR PLANNER

	OCTOBER	NOVEMBER	DECEMBER
1	W	S	M
2	T	S	T
3	F	M	W
4	S	T	T
5	S	W	F
6	M	T	S
7	T	F	S
8	W	S	M
9	T	S	T
10	F	M	W
11	S	T	T
12	S	W	F
13	M	T	S
14	T	F	S
15	W	S	M
16	T	S	T
17	F	M	W
18	S	T	T
19	S	W	F
20	M	T	S
21	T	F	S
22	W	S	M
23	T	S	T
24	F	M	W
25	S	T	T
26	S	W	F
27	M	T	S
28	T	F	S
29	W	S	M
30	T	S	T
31	F		W

INTERNATIONAL DIALLING CODES

COUNTRY	DIAL OUT (ACCESS CODE)	DIAL IN (COUNTRY CODE)	EMERG. NUMBER	COUNTRY	DIAL OUT (ACCESS CODE)	DIAL IN (COUNTRY CODE)	EMERG. NUMBER
Algeria	00	213	17	Korea (South)	001*	82	999
Argentina	00	54	101	Latvia	00	371	112
Australia	0011	61	000	Lithuania	00	370	112
Austria	00	43	112	Luxembourg	00	352	112
Belgium	00	32	112	Macedonia	00	389	112
Bermuda	011	1441	911	Malaysia	00	60	999
Bolivia	00	591	110	Malta	00	356	112
Brazil	00	55	190	Mexico	00	52	066
Bulgaria	00	359	112	Morocco	00	212	19
Canada	011	1	911	Netherlands	00	31	112
Chile	00	56	133	New Zealand	00	64	111
China	00	86	110	Norway	00	47	112
Colombia	009*	57	112	Pakistan	00	92	15
Costa Rica	00	506	911	Paraguay	00	595	911
Croatia	00	385	112	Peru	00	51	105
Cuba	119	53	106	Philippines	00	63	117
Czech Republic	00	420	112	Poland	00	48	112
Denmark	00	45	112	Portugal	00	351	112
Dominican Repub.	011	1809	911	Puerto Rico	011	1787*	911
Ecuador	00	593	911	Qatar	00	974	999
Egypt	00	20	122	Romania	00	40	112
Estonia	00	372	112	Russia	810	7	112
Finland	00*	358	112	Saudi Arabia	00	966	999
France	00	33	112	Slovakia	00	421	112
Georgia	00	995	112	Slovenia	00	386	112
Germany	00	49	112	South Africa	00	27	10111
Greece	00	30	112	Spain	00	34	112
Guatemala	00	502	110	Sweden	00	46	112
Honduras	00	504	199	Switzerland	00	41	112
Hungary	00	36	112	Syria	00	963	112
Iceland	00	354	112	Thailand	001	66	191
India	00	91	100	Tunisia	00	216	197
Iran	00	98	110	Turkey	00	90	155
Ireland (Republic)	00	353	112	U.A.E.	00	971	999
Israel	00*	972	100	Ukraine	00	380	112
Italy	00	39	112	United Kingdom	00	44	112
Jamaica	011	1876	119	United States	011	1	911
Japan	010	81	110	Uruguay	00	598	911
Jordan	00	962	911	Venezuela	00	58	171

Additional access codes also in use.

WORLD TIME ZONES

UTC 12:00	UTC+1 13:00	UTC+2 14:00	UTC+3 15:00
Accra	Berlin	Athens	Baghdad
Lisbon	Paris	Cairo	Nairobi
London	Rome	Tel Aviv	Riyadh

UTC+4 16:00	UTC+5 17:00	UTC+5.5 17:30	UTC+6 18:00
Dubai	Karachi	Delhi	Almaty
Moscow	Tashkent	Kolkata	Dhaka
		Mumbai	

UTC+7 19:00	UTC+8 20:00	UTC+9 21:00	UTC+10 22:00
Bangkok	Beijing	Seoul	Melbourne
Jakarta	Manila	Tokyo	Sydney
	Singapore		

UTC+12 24:00	UTC−10 02:00	UTC−9 03:00	UTC−8 04:00
Auckland	Honolulu	Anchorage	Los Angeles
Suva			San Francisco
Wellington			Vancouver

UTC−6 06:00	UTC−5 07:00	UTC−4 08:00	UTC−3 09:00
Chicago	Miami	Halifax	Buenos Aires
Houston	New York	La Paz	Rio de Janeiro
Mexico City	Toronto	Santiago	

Coordinated Universal Time (UTC) is equivalent to Greenwich Mean Time (GMT).

CONVERSIONS

CLOTHING SIZES

WOMEN – CLOTHING							
France/Spain	34	36	38	40	42	44	46
Germany	32	34	36	38	40	42	44
Italy	36	38	40	42	44	46	48
Japan	5	7	9	11	13	15	17
North America	0	2	4	6	8	10	12
UK/Ireland	4	6	8	10	12	14	16
WOMEN – SHOES							
Europe	35	36	37	38	39	40	41
Japan	22	23	23.5	24	24.5	25.5	26
North America	5	6	6.5	7.5	8.5	9.5	10
UK/Ireland	2.5	3.5	4	5	6	7	7.5
MEN – SUITS AND COATS							
Europe	44	46	48	50	52	54	56
Japan	S	S	M	L	L	XL	XL
N. America/UK/Ire.	34	36	38	40	42	44	46
MEN – SHOES							
Europe	40	41	42	43	44	45	46
Japan	25.5	26	26.5	27.5	28	29	29.5
North America	7.5	8	8.5	9.5	10	11	11.5
UK/Ireland	7	7.5	8	9	9.5	10.5	11

These measurements may vary between different countries and manufacturers. They are provided as a guide only.

MEASUREMENTS

WEIGHT	
1 kilogram	2.2 pounds
1 pound	0.45 kilograms

VOLUME	
1 litre	0.26 gallons
1 gallon (US)	3.78 litres
1 gallon (US)	0.03 barrels

LENGTH/DISTANCE	
1 centimetre	0.39 inches
1 inch	2.54 centimetres
1 metre	39.37 inches
1 foot	30.48 centimetres
1 kilometre	0.62 miles
1 mile	1.6 kilometres
1 metre	1.09 yards
1 yard	91.44 cm

AREA	
1 sq metre	10.76 sq feet
1 sq foot	0.09 sq metres
1 sq metre	1.2 sq yards
1 sq yard	0.84 sq metres
1 hectare	2.47 acres
1 acre	0.4 hectares

TEMPERATURE

Celsius = 5/9 × (Fahrenheit −32)

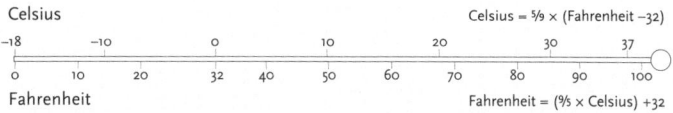

Fahrenheit = (9/5 × Celsius) +32

TRAVEL PLANNING

DATE FROM/TO	DESTINATION

BIRTHDAYS & IMPORTANT DATES

DATE	EVENT

NOTES

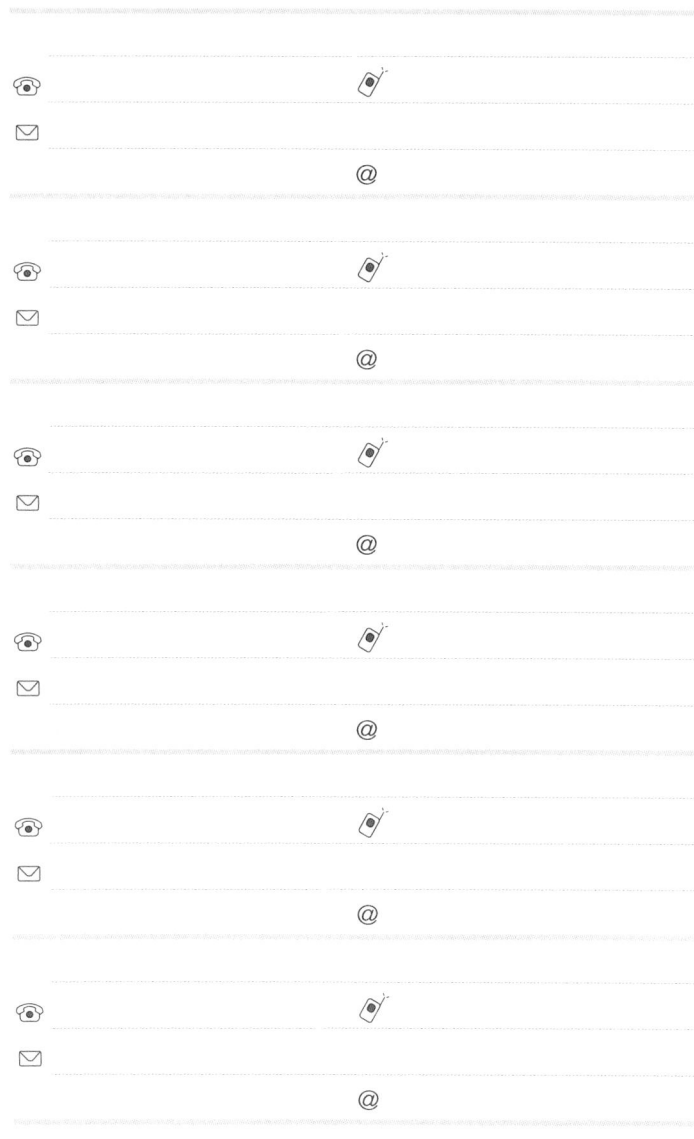

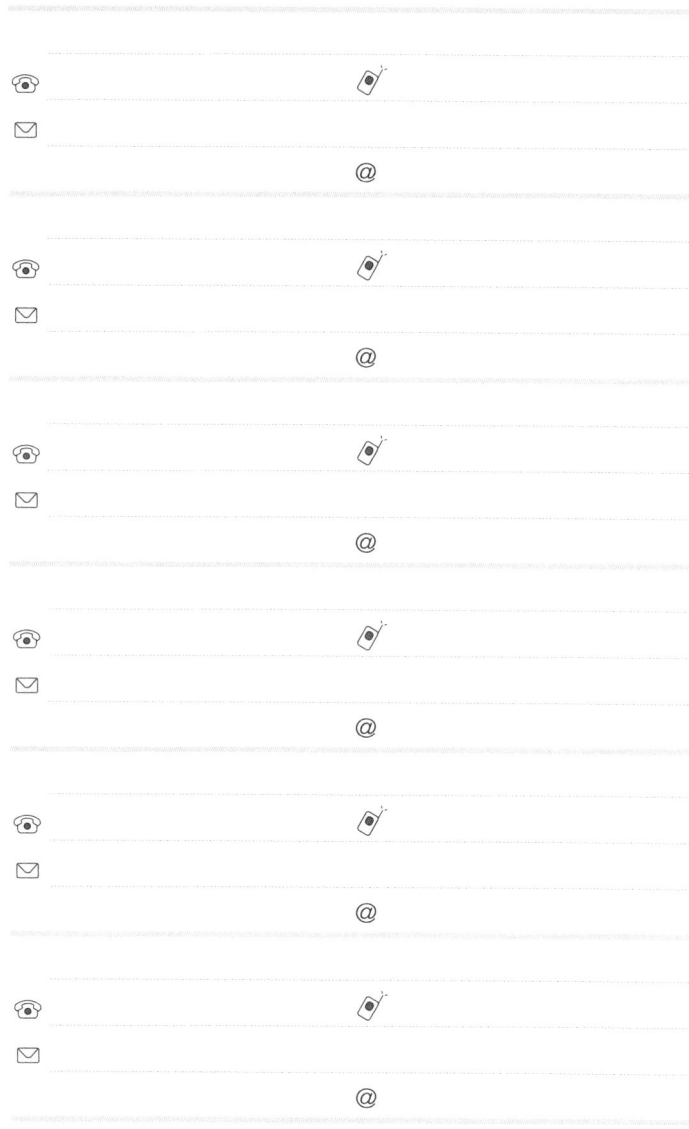

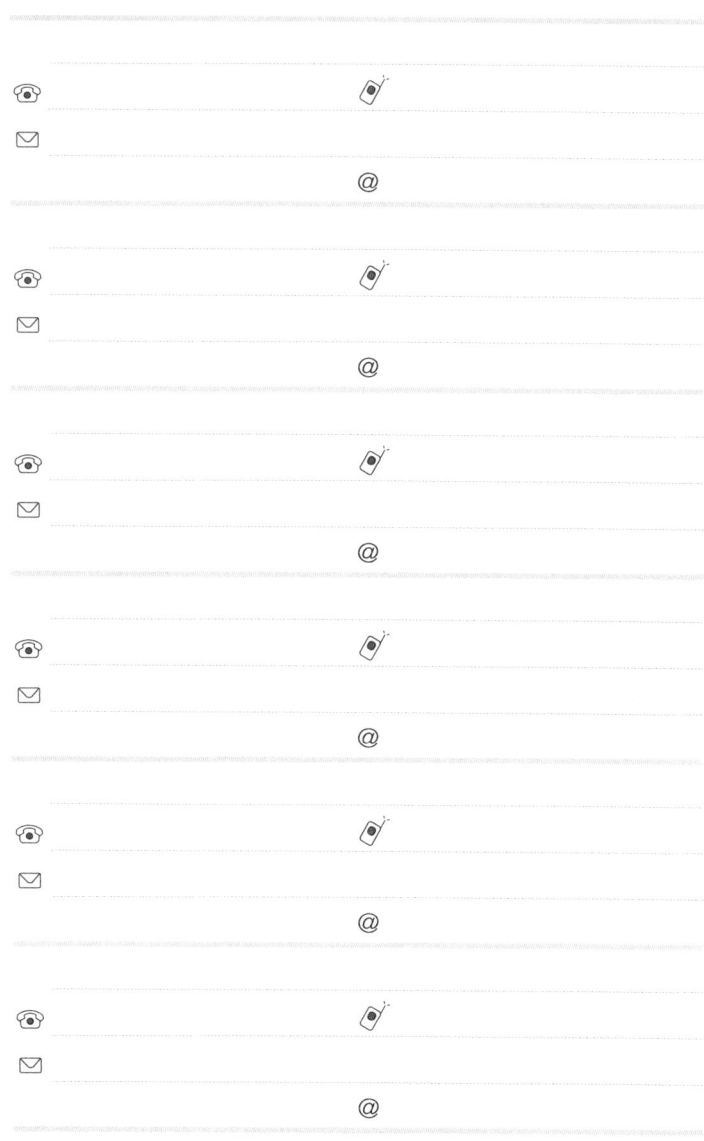

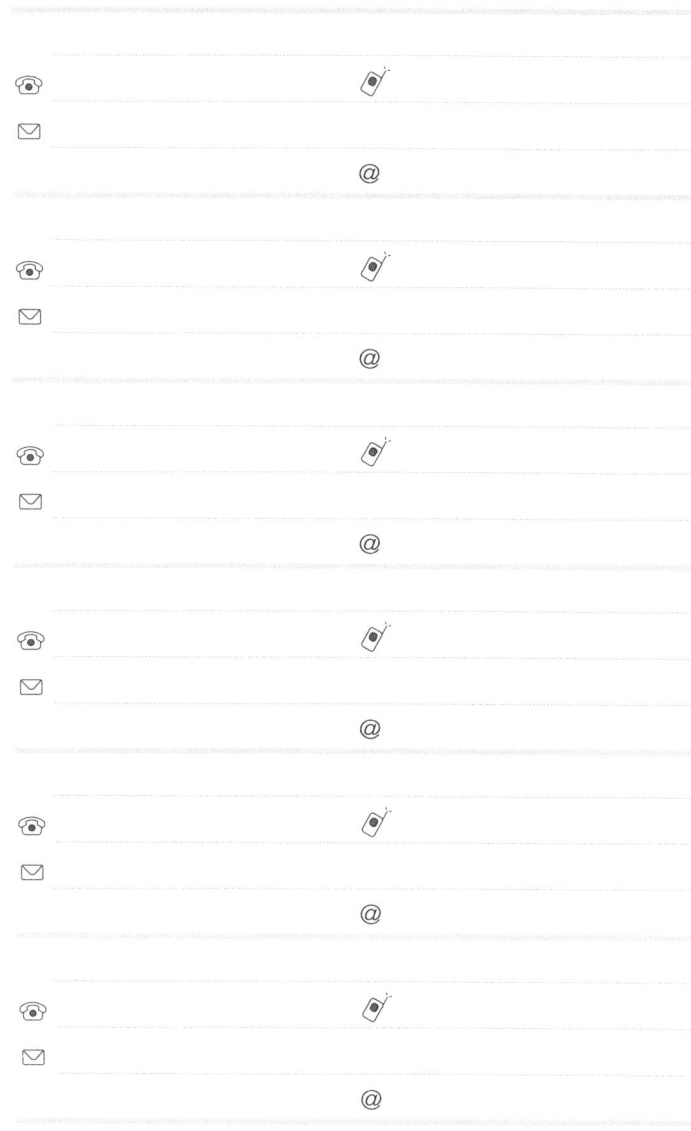

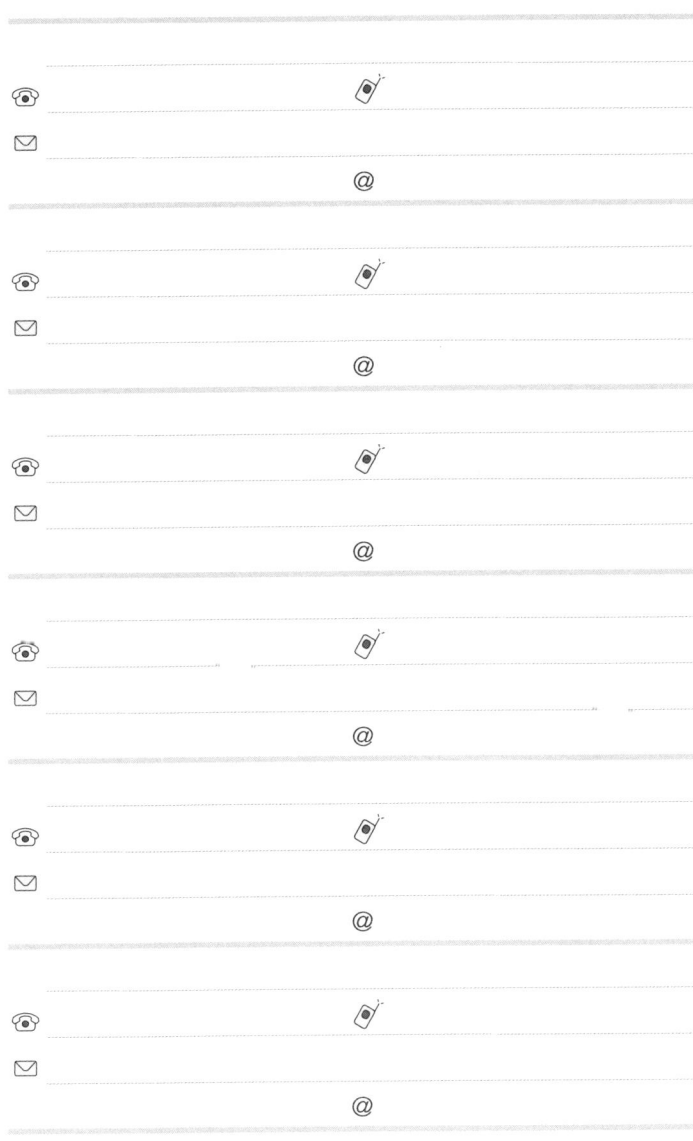

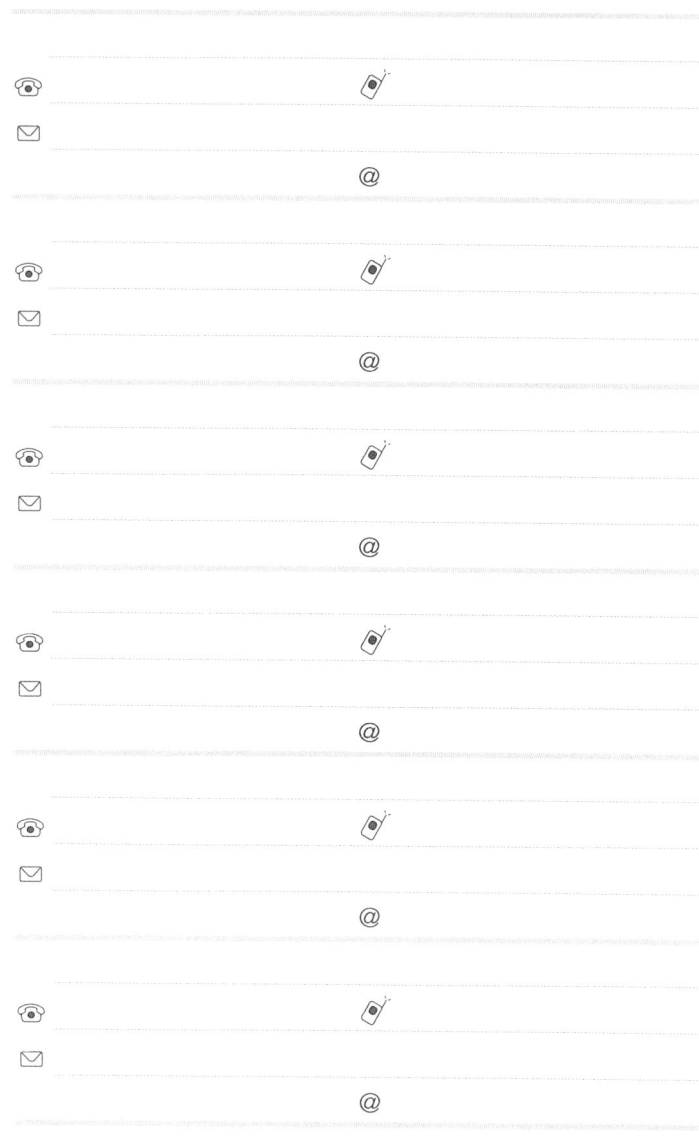

FE0522-3, FE0523-0, FE0524-7, FE0525-4, FE0526-1, FE0527-8

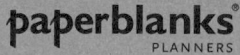

DRAGON BOURDONNANT

Les pratiques spirituelles ancestrales rencontrent l'art numérique moderne dans les œuvres d'Android Jones. Son travail incite à se concentrer sur le potentiel de l'éveil, le pouvoir du troisième œil et les répercussions précoces de l'avenir. À travers des couleurs psychédéliques et ultramodernes, une iconographie orientale et une esthétique de science-fiction, Jones s'appuie sur les traditions immémoriales et celles encore à venir.

HUMMING DRAGON

Im Werk des Android Jones treffen alte spirituelle Bräuche auf moderne Digitalkunst. Seine Kunst lenkt den Beobachter in Richtung des Erwachens, der Kraft des Dritten Auges und des frühen Echos der Zeit, die vor uns liegt. Jones' psychedelische und doch gleichzeitig hypermoderne Farben und seine Symbolik, die östliche Ikonographie mit Science-Fiction-Ästhetik verbindet, basieren auf alten Traditionen ebenso wie auf zukünftigen.

DRAGO INFUOCATO

Le opere di Android Jones, con motivi che mescolano antiche pratiche spirituali e arte digitale, invitano lo spettatore a prendere coscienza del potenziale del risveglio spirituale, del potere del terzo occhio e dei primi riverberi del tempo a venire. Con colori psichedelici e iper moderni, e immagini che mescolano iconografia orientale ed estetica fantascientifica d'avanguardia, Jones è un artista che recupera tradizioni antiche e future.

DRAGÓN CROMÁTICO

Las prácticas espirituales ancestrales se unen al arte digital en la obra de Android Jones. Sus imágenes invitan a tomar conciencia del potencial del despertar, el poder del tercer ojo y las primeras reverberaciones del tiempo que tenemos por delante. Jones se inspira en las tradiciones antiguas y en las que están por llegar: sus obras de colores psicodélicos y ultramodernos combinan iconografía oriental y una estética de ciencia ficción.

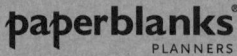

PLANNERS

HUMMING DRAGON

Ancient spiritual practices meet modern digital art in the work of Android Jones. His art asks the viewer to focus on the potential for awakening, the power of the third eye and the early reverberations of the time that lies before us. With colours both psychedelic and hyper-modern, and imagery combining Eastern iconography with a science fiction aesthetic, Jones is an artist who draws on old traditions and those yet to be born.

AVAILABLE IN:
12-MONTH FLEXI MIDI HORIZONTAL
13-MONTH MIDI HORIZONTAL

DESIGNED IN CANADA

Art by Android Jones (www.androidjones.com)
Printed on acid-free, sustainable forest paper.
© 2022 Paperblanks Ltd. All rights reserved.
No part of this book may be reproduced without written permission
from the publisher. Paperblanks are produced by Paperblanks Ltd. and
Paperblanks Journals Ltd. Made in China.
North America 1-800-277-5887
Europe 800-3333-8005
Australia 1800-082-792

paperblanks.com

paperblanks®
PLANNERS